Immanuel Kant

Was ist Aufklärung?

Immanuel Kant

Was ist Aufklärung?

schattenlos

Erstausgabe:
Immanuel Kant: Beantwortung der Frage: Was ist Aufklärung?
In: Berlinische Monatsschrift 4 (1784), S. 481–494.

Neuausgabe: 2018 schattenlos Verlag, Bern.

ISBN: 9783752854831

Textbearbeitung: schattenlos Verlag, Bern.
Umschlaggestaltung: © schattenlos Verlag, Bern.
Herstellung und Verlag: BoD – Books on Demand, Norderstedt.

Bibliografische Information der Deutschen Nationalbibliothek

Die Deutsche Nationalbibliothek verzeichnet diese Publikation
in der Deutschen Nationalbibliografie; detaillierte bibliografische
Daten sind im Internet über http://dnb.d-nb.de abrufbar.

Beantwortung der Frage:

Was ist Aufklärung?

Aufklärung ist der Ausgang des Menschen aus seiner selbst verschuldeten Unmündigkeit. Unmündigkeit ist das Unvermögen, sich seines Verstandes ohne Leitung eines anderen zu bedienen. Selbstverschuldet ist diese Unmündigkeit, wenn die Ursache derselben nicht am Mangel des Verstandes, sondern der Entschließung und des Mutes liegt, sich seiner ohne Leitung eines anderen zu bedienen. Sapere aude![1] Habe Mut dich deines eigenen Verstandes zu bedienen! ist also der Wahlspruch der Aufklärung.

Faulheit und Feigheit sind die Ursachen, warum ein so großer Teil der Menschen, nachdem sie die Natur längst von fremder Leitung frei gesprochen (naturaliter maiorennes), dennoch gerne zeitlebens unmündig bleiben; und warum es Anderen so leicht wird, sich zu deren Vormündern aufzuwerfen. Es ist so bequem, unmündig zu sein. Habe ich ein Buch, das für mich Verstand hat, einen Seelsorger, der für mich Gewissen hat, einen Arzt, der für mich die Diät beur-

---

[1] Vgl. Horaz: Epistulae (Briefe) I, 2, 40: „Dimidum facti, qui coepit, habet: sapere aude, incipe." [„Frisch gewagt ist halb gewonnen: Wage, weise zu sein! Fang an!"]

teilt, usw., so brauche ich mich ja nicht selbst zu bemühen. Ich habe nicht nötig zu denken, wenn ich nur bezahlen kann; andere werden das verdrießliche Geschäft schon für mich übernehmen. Dass der bei weitem größte Teil der Menschen (darunter das ganze schöne Geschlecht) den Schritt zur Mündigkeit, außerdem dass er beschwerlich ist, auch für sehr gefährlich halte: dafür sorgen schon jene Vormünder, die die Oberaufsicht über sie gütigst auf sich genommen haben. Nachdem sie ihr Hausvieh zuerst dumm gemacht haben und sorgfältig verhüteten, dass diese ruhigen Geschöpfe ja keinen Schritt außer dem Gängelwagen, darin sie sie einsperrten, wagen durften, so zeigen sie ihnen nachher die Gefahr, die ihnen droht, wenn sie es versuchen allein zu gehen. Nun ist diese Gefahr zwar eben so groß nicht, denn sie würden durch einige mal Fallen wohl endlich gehen lernen; allein ein Beispiel von der Art macht doch schüchtern und schreckt gemeinhin von allen ferneren Versuchen ab.

Es ist also für jeden einzelnen Menschen schwer, sich aus der ihm beinahe zur Natur gewordenen Unmündigkeit herauszuarbeiten. Er hat sie sogar lieb gewonnen und ist vor der Hand wirklich unfähig, sich seines eigenen Verstandes zu bedienen, weil man ihn niemals den Versuch davon machen ließ. Satzungen und Formeln, diese mechanischen Werkzeuge eines vernünftigen Gebrauchs oder vielmehr Missbrauchs seiner Naturgaben, sind die Fußschellen einer immerwährenden Unmündigkeit. Wer sie auch abwürfe, würde dennoch auch über den schmalsten Graben einen nur unsicheren Sprung tun, weil er zu dergleichen freier Bewegung nicht gewöhnt ist. Daher gibt es nur Wenige, denen es gelungen ist, durch eigene Bearbeitung ihres Geistes sich aus der Unmündigkeit heraus zu wickeln und dennoch einen sicheren Gang zu tun.

Dass aber ein Publikum sich selbst aufkläre, ist eher möglich; ja es ist, wenn man ihm nur Freiheit läßt, beinahe unausbleiblich. Denn da werden sich immer einige Selbstdenkende sogar unter den eingesetzten Vormündern des großen Haufens finden, welche, nachdem sie das Joch der Unmündigkeit selbst abgeworfen haben, den Geist einer vernünftigen Schätzung des eigenen Werts und des Berufs jedes Menschen selbst zu denken um sich verbreiten werden. Besonders ist hierbei: dass das Publikum, welches zuvor von ihnen unter dieses Joch gebracht worden, sie danach selbst zwingt darunter zu bleiben, wenn es von einigen seiner Vormünder, die selbst aller Aufklärung unfähig sind, dazu aufgewiegelt worden; so schädlich ist es Vorurteile zu pflanzen, weil sie sich zuletzt an denen selbst rächen, die oder deren Vorgänger ihre Urheber gewesen sind. Daher kann ein Publikum nur langsam zur Aufklärung gelangen. durch eine Revolution wird vielleicht wohl ein Abfall von persönlichem Despotismus und gewinnsüchtiger oder herrschsüchtiger Bedrückung, aber niemals wahre Reform der Denkungsart zustande kommen; sondern neue Vorurteile werden ebenso wohl als die alten zum Leitbande des gedankenlosen großen Haufens dienen.

Zu dieser Aufklärung aber wird nichts erfordert als Freiheit; und zwar die unschädlichste unter allem, was nur Freiheit heißen mag, nämlich die: von seiner Vernunft in allen Stücken öffentlichen Gebrauch zu machen. Nun höre ich aber von allen Seiten rufen: räsoniert nicht! Der Offizier sagt: räsoniert nicht, sondern exerziert! Der Finanzrat: räsoniert nicht, sondern bezahlt! Der Geistliche: räsoniert nicht, sondern glaubt! (Nur ein einziger Herr in der Welt sagt: räsoniert, so viel ihr wollt, und worüber ihr wollt; aber gehorcht!) Hier ist überall Einschränkung der Freiheit. Welche Einschränkung aber ist der Aufklärung hinderlich? welche nicht, sondern ihr wohl gar beförderlich? – Ich antworte: der öffentliche Gebrauch seiner Vernunft muss jederzeit frei sein, und der allein kann Aufklärung unter Menschen zustande bringen; der Privatgebrauch derselben aber darf öfters sehr enge eingeschränkt sein, ohne doch darum den Fortschritt der Aufklärung sonderlich zu hindern. Ich verstehe aber unter dem öffentlichen Gebrauch seiner eigenen Vernunft denjenigen, den jemand als Gelehrter von ihr vor dem ganzen Publikum der Leserwelt macht. Den Privatgebrauch nenne ich denjenigen, den er in einem gewissen ihm anvertrauten bürgerlichen Posten oder Amte von seiner Vernunft machen darf. Nun ist zu manchen Geschäften, die in das Interesse des gemeinen Wesens laufen, ein gewisser Mechanismus notwendig, vermittels dessen einige Glieder des gemeinen Wesens sich bloß passiv verhalten müssen, um durch eine künstliche Einhelligkeit von der Regierung zu öffentlichen Zwecken gerichtet, oder wenigstens von der Zerstörung dieser Zwecke abgehalten zu werden. Hier ist es nun freilich nicht erlaubt, zu räsonieren; sondern man muss gehorchen. Sofern sich aber dieser Teil der Maschine zugleich als Glied eines ganzen gemeinen Wesens, ja sogar der Weltbürgergesellschaft ansieht, mithin in der Qualität eines Gelehrten, der sich an ein Publikum im eigentlichen Verstande durch Schriften wendet: kann er allerdings räsonieren, ohne dass dadurch die Geschäfte leiden, zu denen er zum Teile als passives Glied angesetzt ist. So würde es sehr verderblich sein, wenn ein Offizier, dem von seinen Oberen etwas anbefohlen wird, im Dienste über die Zweckmäßigkeit oder Nützlichkeit dieses Befehls laut vernünfteln wollte; er muss gehorchen. Es kann ihm aber billigermaßen nicht verwehrt werden, als Gelehrter über die Fehler im Kriegsdienste Anmerkungen zu machen und diese seinem Publikum zur Beurteilung vorzulegen. Der Bürger kann sich nicht weigern, die ihm auferlegten Abgaben zu leisten; sogar kann ein vorwitziger Tadel solcher

Auflagen, wenn sie von ihm geleistet werden sollen, als ein Skandal (das allgemeine Widersetzlichkeiten veranlassen könnte) bestraft werden. Eben derselbe handelt demungeachtet der Pflicht eines Bürgers nicht entgegen, wenn er als Gelehrter wider die Unschicklichkeit oder auch Ungerechtigkeit solcher Ausschreibungen öffentlich seine Gedanken äußert. Ebenso ist ein Geistlicher verbunden, seinen Katechismusschülern und seiner Gemeinde nach dem Symbol der Kirche, der er dient, seinen Vortrag zu tun; denn er ist auf diese Bedingung angenommen worden. Aber als Gelehrter hat er volle Freiheit, ja sogar den Beruf dazu, alle seine sorgfältig geprüften und wohlmeinenden Gedanken über das Fehlerhafte in jenem Symbol und Vorschläge wegen besserer Einrichtung des Religions- und Kirchenwesens dem Publikum mitzuteilen. Es ist hierbei auch nichts, was dem Gewissen zur Last gelegt werden könnte. Denn was er infolge seines Amts als Geschäftsträger der Kirche lehrt, das stellt er als etwas vor, in Ansehung dessen er nicht freie Gewalt hat nach eigenem Gutdünken zu lehren, sondern das er nach Vorschrift und im Namen eines anderen vorzutragen angestellt ist. Er wird sagen: unsere Kirche lehrt dieses oder jenes; das sind die Beweisgründe, deren sie sich bedient. Er zieht alsdann allen praktischen Nutzen für seine Gemeinde aus Satzungen, die er selbst nicht mit voller Überzeugung unterschreiben würde, zu deren

Vortrag er sich gleichwohl anheischig machen kann, weil es doch nicht ganz unmöglich ist, dass darin Wahrheit verborgen läge, auf alle Fälle aber wenigstens doch nichts der inneren Religion Widersprechendes darin angetroffen wird. Denn glaubte er das letztere darin zu finden, so würde er sein Amt mit Gewissen nicht verwalten können; er müsste es niederlegen. Der Gebrauch also, den ein angestellter Lehrer von seiner Vernunft vor seiner Gemeinde macht, ist bloß ein Privatgebrauch: weil diese immer nur eine häusliche, obwohl noch so große Versammlung ist; und in Ansehung dessen ist er als Priester nicht frei und darf es auch nicht sein, weil er einen fremden Auftrag ausrichtet. Dagegen als Gelehrter, der durch Schriften zum eigentlichen Publikum, nämlich der Welt, spricht, mithin der Geistliche im öffentlichen Gebrauche seiner Vernunft genießt einer uneingeschränkte Freiheit, sich seiner eigenen Vernunft zu bedienen und in seiner eigenen Person zu sprechen. Denn dass die Vormünder des Volks (in geistlichen Dingen) selbst wieder unmündig sein sollen, ist eine Ungereimtheit, die auf Verewigung der Ungereimtheiten hinausläuft.

Aber sollte nicht eine Gesellschaft von Geistlichen, etwa eine Kirchenversammlung, oder eine ehrwürdige Classis (wie sie sich unter den Holländern selbst nennt), berechtigt sein, sich eidlich untereinander auf ein gewisses unveränderliches Symbol zu verpflichten, um so eine unaufhörliche Obervormundschaft über jedes ihrer Glieder und vermittels ihrer über das Volk zu führen und diese sogar zu verewigen? Ich sage: das ist ganz unmöglich. Ein solcher Kontrakt, der auf immer alle weitere Aufklärung vom Menschengeschlechte abzuhalten geschlossen würde, ist schlechterdings null und nichtig; und sollte er auch durch die oberste Gewalt, durch Reichstage und die feierlichsten Friedensschlüsse bestätigt sein. Ein Zeitalter kann sich nicht verbünden und darauf verschwören, das folgende in einen Zustand zu setzen, darin es ihm unmöglich werden muss, seine (vornehmlich so sehr angelegentliche) Erkenntnisse zu erweitern, von Irrtümern zu reinigen und überhaupt in der Aufklärung weiter zu schreiten. Das wäre ein Verbrechen wider die menschliche Natur, deren ursprüngliche Bestimmung gerade in diesem Fortschreiten besteht; und die Nachkommen sind also vollkommen dazu berechtigt, jene Beschlüsse, als unbefugter und frevelhafter Weise genommen, zu verwerfen. Der Probierstein alles dessen, was über ein Volk als Gesetz beschlossen werden kann, liegt in der Frage: ob ein Volk sich selbst wohl ein solches Gesetz auferlegen könnte. Nun wäre dieses wohl gleichsam in der Erwartung eines besseren auf eine bestimmte kurze Zeit möglich, um eine gewisse Ordnung einzuführen: indem man es zugleich jedem der Bürger, vornehmlich dem Geistlichen frei ließe, in der Qualität eines Gelehrten öffentlich, d.i. durch Schriften, über das Fehlerhafte der damaligen Einrichtung seine Anmerkungen zu machen, indessen die eingeführte Ordnung noch immer fortdauerte, bis die Einsicht in die Beschaffenheit dieser Sachen öffentlich so weit gekommen und bewährt worden, daß sie durch Vereinigung ihrer Stimmen (wenngleich nicht aller) einen Vorschlag vor den Thron bringen könnte, um diejenigen Gemeinden in Schutz zu nehmen, die sich etwa nach ihren Begriffen der besseren Einsicht zu einer veränderten Religionseinrichtung geeinigt hätten, ohne doch diejenigen zu hindern, die es beim Alten wollten bewenden lassen. Aber auf eine beharrliche, von Niemanden öffentlich zu bezweifelnde Religionsverfassung auch nur binnen der Lebensdauer eines Menschen sich zu einigen und dadurch einen Zeitraum in dem Fortgange der Menschheit zur Verbesserung gleichsam zu vernichten und fruchtlos, dadurch aber wohl gar der Nachkommenschaft nachteilig zu machen, ist schlechterdings unerlaubt. Ein Mensch kann zwar für seine Person und auch alsdann nur auf einige Zeit in dem, was ihm zu wissen obliegt, die Aufklärung aufschieben; aber auf sie Verzicht zu tun, es sei für seine Person, mehr aber noch für die Nachkommenschaft, heißt die heiligen Rechte der Menschheit verletzen und mit Füßen treten. Was aber nicht einmal ein Volk über sich selbst beschließen darf, das darf noch weniger ein Monarch über das Volk beschließen; denn sein gesetzgebendes Ansehen beruht eben darauf, daß er den gesamten Volkswillen in dem seinigen vereinigt. Wenn er nur darauf sieht, daß alle wahre oder vermeintliche Verbesserung mit der bürgerlichen Ordnung zusammen bestehe: so kann er seine Untertanen übrigens nur selbst machen lassen, was sie um ihres Seelenheils willen zu tun nötig finden; das geht ihn nichts an, wohl aber zu verhüten, daß nicht einer den andern gewalttätig hindere, an der Bestimmung und Beförderung desselben nach allem seinem Vermögen zu arbeiten. Es tut selbst seiner Majestät Abbruch, wenn er sich hier einmischt, indem er die Schriften, wodurch seine Untertanen ihre Einsichten ins Reine zu bringen suchen, seiner Regierungsaufsicht würdigt, sowohl wenn er dieses aus eigener höchster Einsicht tut, wo er sich dem Vorwurfe aussetzt: Caesar non est supra Grammaticos, als auch und noch weit mehr, wenn er seine oberste Gewalt so weit erniedrigt, den geistlichen Despotismus einiger Tyrannen in seinem Staate gegen seine übrigen Untertanen zu unterstützen.

Wenn denn nun gefragt wird: Leben wir jetzt in einem aufgeklärten Zeitalter? so ist die Antwort: Nein, aber wohl in einem Zeitalter der Aufklärung. Dass die Menschen, wie die Sachen jetzt stehen, im Ganzen genommen, schon imstande wären, oder darin auch nur gesetzt werden könnten, in Religionsdingen sich ihres eigenen Verstandes ohne Leitung eines anderen sicher und gut zu bedienen, daran fehlt noch sehr viel. Allein dass jetzt ihnen doch das Feld geöffnet wird, sich dahin frei zu bearbeiten, und die Hindernisse der allgemeinen Aufklärung, oder des Ausganges aus ihrer selbst verschuldeten Unmündigkeit allmählich weniger werden, davon haben wir doch deutliche Anzeigen. In diesem Betracht ist dieses Zeitalter das Zeitalter der Aufklärung, oder das Jahrhundert Friederichs.

Ein Fürst, der es seiner nicht unwürdig findet, zu sagen: dass er es für Pflicht halte, in Religionsdingen den Menschen nichts vorzuschreiben, sondern ihnen darin volle Freiheit zu lassen, der also selbst den hochmütigen Namen der Toleranz von sich ablehnt, ist selbst aufgeklärt und verdient von der dankbaren Welt und Nachwelt als derjenige gepriesen zu werden, der zuerst das menschliche Geschlecht der Unmündigkeit wenigstens von Seiten der Regierung entschlug und Jedem frei ließ, sich in allem, was Gewissensangelegenheit ist, seiner eigenen Vernunft zu bedienen. Unter ihm dürfen verehrungswürdige Geistliche unbeschadet ihrer Amtspflicht ihre vom angenommenen Symbol hier oder da abweichenden Urteile und Einsichten in der Qualität der Gelehrten frei und öffentlich der Welt zur Prüfung darlegen; noch mehr aber jeder andere, der durch keine Amtspflicht eingeschränkt ist. Dieser Geist der Freiheit breitet sich außerhalb aus, selbst da, wo er mit äußeren Hindernissen einer sich selbst missverstehenden Regierung zu ringen hat. Denn es leuchtet dieser doch ein Beispiel vor, dass bei Freiheit für die öffentliche Ruhe und Einigkeit des gemeinen Wesens nicht das Mindeste zu besorgen sei. Die Menschen arbeiten sich von selbst nach und nach aus der Rohheit heraus, wenn man nur nicht absichtlich künstelt, um sie darin zu erhalten.

Ich habe den Hauptpunkt der Aufklärung, d.i. des Ausgangs der Menschen aus ihrer selbst verschuldeten Unmündigkeit, vorzüglich in Religionssachen gesetzt: weil in Ansehung der Künste und Wissenschaften unsere Beherrscher kein Interesse haben, den Vormund über ihre Untertanen zu spielen; überdem auch jene Unmündigkeit, so wie die schädlichste, also auch die entehrendste unter allen ist. Aber die Denkungsart eines Staatsoberhaupts, der die erstere begünstigt, geht noch weiter und sieht ein: dass selbst in Ansehung seiner Gesetzgebung es ohne Gefahr sei, seinen Untertanen zu erlauben, von ihrer eigenen Vernunft öffentlichen Gebrauch zu machen und ihre Gedanken über eine bessere Abfassung derselben sogar mit einer freimütigen Kritik der schon gegebenen der Welt öffentlich vorzulegen; davon wir ein glänzendes Beispiel haben, wodurch noch kein Monarch demjenigen vorging, welchen wir verehren.

Aber auch nur derjenige, der, selbst aufgeklärt, sich nicht vor Schatten fürchtet, zugleich aber ein wohldiszipliniertes zahlreiches Heer zum Bürgen der öffentlichen Ruhe zur Hand hat, kann das sagen, was ein Freistaat nicht wagen darf: räsoniert, soviel ihr wollt, und worüber ihr wollt; nur gehorcht! So zeigt sich hier ein befremdlicher, nicht erwarteter Gang menschlicher Dinge; so wie auch sonst, wenn man ihn im Großen betrachtet, darin fast alles paradox ist. Ein größerer Grad bürgerlicher Freiheit scheint der Freiheit des Geistes des Volks vorteilhaft und setzt ihr doch unübersteigliche Schranken; ein Grad weniger von jener verschafft hingegen diesem Raum, sich nach allem seinem Vermögen auszubreiten. Wenn denn die Natur unter dieser harten Hülle den Keim, für den sie am zärtlichsten sorgt, nämlich den Hang und Beruf zum freien Denken, ausgewickelt hat: so wirkt dieser allmählich zurück auf die Sinnesart des Volks (wodurch dieses der Freiheit zu handeln nach und nach fähiger wird) und endlich auch sogar auf die Grundsätze der Regierung, die es ihr selbst zuträglich findet, den Menschen, der nun mehr als Maschine ist, seiner Würde gemäß zu behandeln.

Immanuel Kant
Königsberg in Preußen, den 30. September 1784.

Nachtrag

In den Büschingschen wöchentlichen Nachrichten vom 13. September lese ich heute den 30sten eben desselben die Anzeige der Berlinischen Monatsschrift von diesem Monat, worin des Herrn Mendelssohn Beantwortung eben derselben Frage angeführt wird. Mir ist sie noch nicht zu Händen gekommen; sonst würde sie die gegenwärtige zurückgehalten haben, die jetzt nur zum Versuche da stehen mag, wiefern der Zufall Einstimmigkeit der Gedanken zuwege bringen könne.

Erläuterungen

Kant veröffentlichte seinen Aufsatz „Beantwortung der Frage: Was ist Aufklärung?" in der Dezember-Nummer des Jahres 1784 der Berlinischen Monatsschrift.[2] Er ging dabei auf die Frage des Pfarrers Johann Friedrich Zöllner „Was ist Aufklärung?" ein, die dieser ein Jahr zuvor in einem Aufsatz in derselben Zeitung stellte:

„Was ist Aufklärung? Diese Frage, die beinahe so wichtig ist, als: was ist Wahrheit, sollte doch wohl beantwortet werden, ehe man aufzuklären anfange! Und noch habe ich sie nirgends beantwortet gefunden!"[3]

In derselben Ausgabe der Berlinischen Monatsschrift, in der Kant seine Antwort auf die Frage Zöllners veröffentlichte, ist das sarkastische Gedicht Zöllners „Der Affe. Ein Fabelchen" abgedruckt, das die skeptische Haltung Zöllners gegenüber dem Wunsch der Aufklärer verdeutlicht, dass das breite

---

[2] Immanuel Kant: Beantwortung der Frage: Was ist Aufklärung? In: Berlinische Monatsschrift 4 (1784), S. 481–494.

[3] Johann Friedrich Zöllner: Ist es rathsam, das Ehebündniß nicht ferner durch die Religion zu sanciren? In: Berlinische Monatsschrift 2 (1783), S. 508–516, hier S. 516.

Publikum deren Schriften so rezipieren soll, wie die Aufklärer es sich erhofften[4] (Siehe S.18).

Ebenfalls in der Dezember-Ausgabe beantwortete der Philosoph Moses Mendelssohn Zöllners Frage[5] (Siehe S. 19ff). Kant hatte erst im Nachhinein von Mendelssohn Aufsatz erfahren (Siehe Nachtrag S. 14f).

---

[4] Johann Friedrich Zöllner: Der Affe. Ein Fabelchen. In: Berlinische Monatsschrift 4 (1784), S. 480.

[5] Moses Mendelssohn: Ueber die Frage: was heißt aufklären? In: Berlinische Monatsschrift 4 (1784), S. 193-200. Siehe S.19ff in diesem Buch.

Der Affe

Ein Fabelchen

Ein Affe steckt' einst einen Hain
Von Zedern Nachts in Brand,
Und freute sich dann ungemein,
Als er's so helle fand.
„Kommt Brüder, seht, was ich vermag;
„Ich, – ich verwandle Nacht in Tag!"

Die Brüder kamen groß und klein,
Bewunderten den Glanz
Und alle fingen an zu schrein:
Hoch lebe Bruder Hans!
„Hans Affe ist des Nachruhms wert,
„Er hat die Gegend aufgeklärt."

Über die Frage: was heißt aufklären?

Die Worte Aufklärung, Kultur, Bildung sind in unsrer Sprache noch neue Ankömmlinge. Sie gehören vor der Hand bloß zur Büchersprache. Der gemeine Haufe verstehet sie kaum. Sollte dieses ein Beweis sein, dass auch die Sache bei uns noch neu sei? Ich glaube nicht. Man sagt von einem gewissen Volke, dass es kein bestimmtes Wort für Tugend, keines für Aberglauben habe; ob man ihm gleich ein nicht geringes Mass von beiden mit Recht zuschreiben darf.

Indessen hat der Sprachgebrauch, der zwischen diesen gleichbedeutenden Wörtern einen Unterschied angeben zu wollen scheint, noch nicht Zeit gehabt, die Grenzen derselben festzusetzen. Bildung, Kultur und Aufklärung sind Modifikationen des geselligen Lebens; Wirkungen des Fleißes und der Bemühungen der Menschen ihren geselligen Zustand zu verbessern.

Je mehr der gesellige Zustand eines Volks durch Kunst und Fleiß mit der Bestimmung des Menschen in Harmonie gebracht worden; desto mehr Bildung hat dieses Volk.

Bildung zerfällt in Kultur und Aufklärung. Jene scheint mehr auf Praktisch zu gehen: auf Güte Feinheit und Schönheit in Handwerken Künsten und Geselligkeitssitten (objektive); auf Fertigkeit, Fleiß und Geschicklichkeit in jenen, Neigungen Triebe und Gewohnheit in diesen (subjektive). Je mehr diese bei einem Volke der Bestimmung des Menschen entsprechen, desto mehr Kultur wird demselben beigelegt; so wie einem Grundstücke desto mehr Kultur und Anbau zugeschrieben wird, je mehr es durch den Fleiß der Menschen in den Stand gesetzt worden, dem Menschen nützliche Dinge hervorzubringen. – Aufklärung hingegen scheinet sich mehr auf das Theoretische zu beziehen. Auf vernünftige Erkenntnis (objekt.) und Fertigkeit (subjekt) zum vernünftigen Nachdenken, über Dinge des menschlichen Lebens, nach Massgebung ihrer Wichtigkeit und ihres Einflusses in die Bestimmung des Menschen.

Ich setze allezeit die Bestimmung des Menschen als Maaß und Ziel aller unserer Bestrebungen und Bemühungen, als einen Punkt, worauf wir unsere Augen richten müssen, wenn wir uns nicht verlieren wollen.

Eine Sprache erlanget Aufklärung durch die Wissenschaften, und erlanget Kultur durch gesellschaftlichen Umgang, Poesie und Beredsamkeit. Durch jene wird sie geschickter zu theoretischem, durch diese zu praktischem Gebrauche. Beides zusammen gibt einer Sprache die Bildung.

Kultur im äußerlichen heißt Politur. Heil der Nation, deren Politur Wirkung der Kultur und Aufklärung ist; deren äußerliche Glanz und Geschliffenheit innerliche, gediegene Echtheit zum Grunde hat!

Aufklärung verhält sich zur Kultur, wie überhaupt Theorie zur Praxis; wie Erkenntnis zur Sittlichkeit; wie Kritik zur Virtuosität. An und für sich betrachtet, (objektive) stehen sie in dem genauesten Zusammenhange; ob sie gleich subjektive sehr oft getrennt sein können.

Man kann sagen: die Nürnberger haben mehr Kultur, die Berliner mehr Aufklärung; die Franzosen mehr Kultur, die Engländer mehr Aufklärung; die Sineser viel Kultur und wenig Aufklärung. Die Griechen hatten beides, Kultur und Aufklärung. Sie waren eine gebildete Nation, so wie ihre Sprache eine gebildete Sprache ist. – Überhaupt ist die Sprache eines Volks die beste Anzeige seiner Bildung, der Kultur sowohl als der Aufklärung, der Ausdehnung sowohl als der Stärke nach.

Ferner lässt sich die Bestimmung des Menschen einteilen, in 1) Bestimmung des Menschen als Mensch, und 2) Bestimmung des Menschen als Bürger betrachtet.

In Ansehung der Kultur fallen diese Betrachtungen zusammen; indem alle praktische Vollkommenheiten bloß in Beziehung auf das gesellschaftliche Leben einen Wert haben, also einzig und allein der Bestimmung des Menschen, als Mitglieder der Gesellschaft, entsprechen müssen. Der Mensch als Mensch bedarf keiner Kultur: aber er bedarf Aufklärung.

Stand und Beruf im bürgerlichen Leben bestimmen eines jeden Mitgliedes Pflichten und Rechte, erfordern nach Massgebung derselben andere Geschicklichkeit und Fertigkeit, andere Neigungen, Triebe, Geselligkeitssitten und Gewohnheiten, eine andere Kultur und Politur. Je mehr diese durch alle Stände mit ihrem Berufe, d. i. mit ihren respektiven Bestimmungen als Glieder der Gesellschaft übereinstimmen; desto mehr Kultur hat die Nation.

Sie erfordern aber auch für jedes Individuum, nach Massgebung seines Standes und Berufs andere theoretische Einsichten, und andere Fertigkeit dieselben zu erlangen, einen andern Grad der Aufklärung. Die Aufklärung, die den Menschen als Mensch interessiert, ist allgemein ohne Unterschied der Stände; die Aufklärung des Menschen als Bürger betrachtet, modifiziert sich nach Stand und Beruf. Die Bestimmung des Menschen setzet hier abermals seiner Bestrebung Mass und Ziel.

Diesem nach würde die Aufklärung einer Nation sich verhalten, 1) wie die Masse der Erkenntnis, 2) deren Wichtigkeit, d. i. Verhältnis zur Bestimmung a) des Menschen und b) des Bürgers, 3) deren Verbreitung durch alle Stände, 4) nach Massgabe ihres Berufs; und also wäre der Grad der Volksaufklärung nach einem wenigstens vierfach zusammengesetzten Verhältnisse zu bestimmen, dessen Glieder zum Theile selbst wiederum aus einfacheren Verhältnisgliedern zusammengesetzt sind.

Menschenaufklärung kann mit Bürgeraufklärung in Streit kommen. Gewisse Wahrheiten, die dem Menschen, als Mensch, nützlich sind, können ihm als Bürger zuweilen schaden. Hier ist folgendes in Erwägung zu ziehen. Die Kollision kann entstehen zwischen 1) wesentlichen, oder 2) zufälligen Bestimmungen des Menschen, mit 3) wesentlichen, oder 4) mit außerwesentlichen zufälligen Bestimmungen des Bürgers.

Ohne die wesentlichen Bestimmungen des Menschen sinkt der Mensch zum Vieh herab; ohne die außerwesentlichen ist er kein so gutes herrliches Geschöpf. Ohne die wesentlichen Bestimmungen des Menschen als Bürgers, hört die Staatsverfassung aus zu sein; ohne die außerwesentlichen bleibt sie in einigen Nebenverhältnissen nicht mehr dieselbe.

Unglückselig ist der Staat, der sich gestehen muss, dass in ihm die wesentliche Bestimmung des Menschen mit der wesentlichen des Bürgers nicht harmonieren, dass die Aufklärung, die der Menschheit unentbehrlich ist, sich nicht über alle Stände des Reichs ausbreiten könne; ohne dass die Verfassung in Gefahr sei, zu Grunde zu gehen. Hier lege die Philosophie die Hand auf den Mund! Die Notwendigkeit mag hier Gesetze vorschreiben, oder vielmehr die Fesseln schmieden, die der Menschheit anzulegen sind, um sie nieder zu beugen, und beständig unterm Drucke zu halten!

Aber wenn die außerwesentlichen Bestimmungen des Menschen mit den wesentlichen oder außerwesentlichen des Bürgers in Streit kommen; so müssen Regeln festgesetzt werden, nach welchen die Ausnahmen geschehen, und die Kollisionsfälle entschieden werden sollen.

Wenn die wesentlichen Bestimmungen des Menschen unglücklicherweise mit seinen außerwesentlichen Bestimmungen selbst in Gegenstreit gebracht worden sind; wenn man gewisse nützliche und den Menschen zierende Wahrheit nicht verbreiten darf, ohne die ihm nun einmal beiwohnenden Grundsätze der Religion und Sittlichkeit niederzureißen; so wird der tugendliebende Aufklärer mit Vorsicht und Behutsamkeit verfahren, und lieber das Vorurteil dulden, als die mit ihm so fest verschlungene Wahrheit zugleich mit vertreiben. Freilich ist diese Maxime von je her Schutzwehr der Heuchelei geworden, und wir haben ihr so manche Jahrhunderte von Barbarei und

Aberglauben zu verdanken. So oft man das Verbrechen greifen wollte, rettete es sich ins Heiligtum. Allein dem ungeachtet wird der Menschenfreund, in den aufgeklärtesten Zeiten selbst noch immer auf diese Betrachtung Rücksicht nehmen müssen. Schwer, aber nicht unmöglich ist es, die Grenzlinie zu finden, die auch hier Gebrauch von Missbrauch scheidet. –

Je edler ein Ding in seiner Vollkommenheit, sagt ein hebräischer Schriftsteller, desto grässlicher in seiner Verwesung. Ein verfaultes Holz ist so scheußlich nicht, als eine verweste Blume; diese nicht so ekelhaft, als sein verfaultes Thier; und dieses so grässlich nicht, als der Mensch in seiner Verwesung. So auch mit Kultur und Aufklärung. Je edler in ihrer Blüte: desto abscheulicher in ihrer Verwesung und Verderbtheit.

Missbrauch der Aufklärung schwächt das moralische Gefühl, führt zu Hartsinn, Egoismus, Irreligion, und Anarchie. Missbrauch der Kultur erzeuget Üppigkeit, Gleisnerei, Weichlichkeit, Aberglauben, und Sklaverei.

Wo Aufklärung und Kultur mit gleichen Schritten fortgehen; da sind sie sich einander die besten Verwahrungsmittel wider die Korruption. Ihre Art zu verderben ist sich einander schnurstracks entgegengesetzt.

Die Bildung einer Nation, welche nach obiger Worterklärung aus Kultur und Aufklärung zusammengesetzt ist, wird also weit weniger der Korruption unterworfen sein.

Eine gebildete Nation kennet in sich keine andere Gefahr, als das Übermass ihrer Nationalglückseligkeit; welches, wie die vollkommenste Gesundheit des menschlichen Körpers, schon an und für sich eine Krankheit, oder der Übergang zur Krankheit genannt werden kann. Eine Nation, die durch die Bildung auf den höchsten Gipfel der Nationalglückseligkeit gekommen, ist eben dadurch in Gefahr zu stürzen, weil sie nicht höher steigen kann. – Jedoch dieses führt zu weit ab von der vorliegenden Frage!

Moses Mendelssohn.